SuperStars

Raumstationen

Julienne Laidlaw

Inhalt

Die **fett** gedruckten Wörter werden auf Seite 23 erklärt.

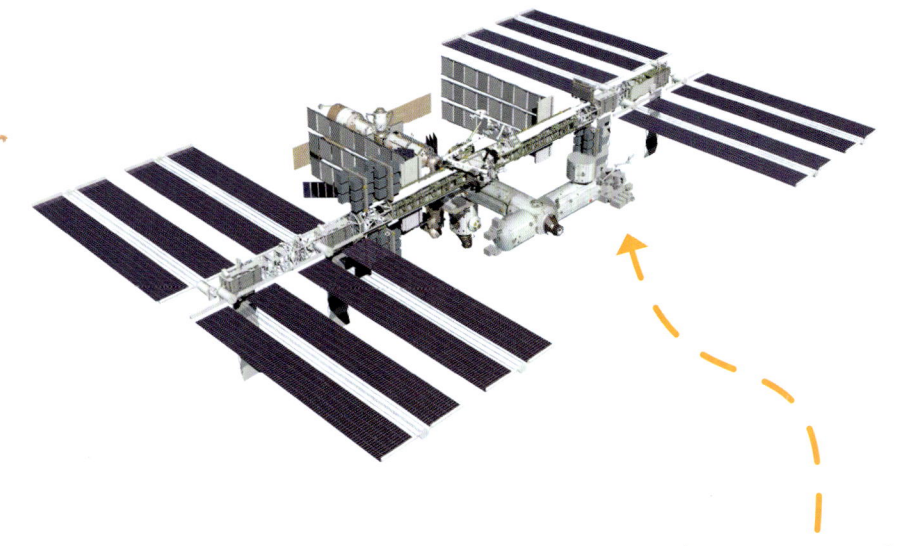

Die Internationale Raumstation (ISS)

Schon immer waren die Menschen vom Weltraum fasziniert. Im Laufe der Zeit haben Wissenschaftler die Ausrüstung zur Erforschung des Alls weiterentwickelt und verbessert. Mithilfe von moderner Technik haben sie leistungsfähige Teleskope, **Satelliten**, **Flugkörper** und sogar Raumstationen entwickelt. Raumstationen helfen dabei, das Weltall zu erforschen.

Was sind Raumstationen?

Raumstationen sind bewohnbare Konstruktionen, die die Erde umkreisen oder sich auf einer ringförmigen Bahn um sie herum bewegen. Eine Raumstation kann mehrere Monate im All bleiben. Sie ermöglicht es Astronauten – oder Kosmonauten, wie sie in Russland genannt werden – im Weltraum zu leben. Astronauten führen wissenschaftliche Experimente durch und stellen in speziellen Laboratorien auf der Raumstation Forschungen an.

Seit den 1970ern wurden viele Raumstationen in Betrieb genommen, wie die Mir, die ‚Skylab‘ und die Internationale Raumstation.

> Wissenschaftler nutzen Raumstationen, um herauszufinden, wie sich Pflanzen und Tiere im All verhalten.

Die Internationale Raumstation (ISS) kreist um die Erde.

Raumstationen erlauben es den Menschen, im Weltraum zu leben und zu arbeiten.

Weshalb wir Raumstationen brauchen

Eine Raumstation befähigt Wissenschaftler, Experimente durchzuführen.

Dabei können sie Erkenntnisse über Dinge gewinnen, die sie von der Erde aus oder in einem Flugkörper nicht studieren könnten.

Zum Beispiel können sie so ausprobieren, welche Auswirkungen die **Schwerelosigkeit** über einen längeren Zeitraum auf den menschlichen Körper hat oder sie können neue Materialien entwickeln.

1969 landeten zum ersten Mal Astronauten auf dem Mond. Die **NASA** hofft, dass es mithilfe der Forschungsergebnisse der ISS Astronauten in der Zukunft möglich sein wird, auf dem Mond zu leben.

Das Leben in einer Raumstation hilft den Astronauten dabei, die **Langzeiteffekte** einer Weltraumreise auf den menschlichen Körper zu studieren.

Weil sich Materialien und Metalle in der Schwerelosigkeit anders verhalten als auf der Erde, können ihre Bestandteile im All besser gemischt und voneinander getrennt werden. Wissenschaftler nutzen diese Informationen, um zukünftige Weltraumreisen zu verbessern.

Wie eine Raumstation aufgebaut ist

Es gibt zwei Arten von Raumstationen. In der Vergangenheit waren Raumstationen monolithisch, heute dagegen sind sie modular.

Monolithisch

Monolithische Raumstationen wurden aus einem Stück gebaut. Danach wurden sie – mit Versorgungsgütern und Ausrüstung an Bord – ins All geschossen. Die Besatzung wurde erst später zur Raumstation geschickt. Sobald die Mission oder das Projekt abgeschlossen war, wurden die Raumstationen stillgelegt.

Die Raumstation ‚Skylab' wurde 1973 ins All gebracht. Astronauten besuchten sie insgesamt dreimal.
Nachdem sie stillgelegt worden war, stürzte sie 1979 zurück auf die Erde.

Die ‚Saljut' 1 war die erste Raumstation, die je ins All geschossen wurde. Sie umkreist noch immer die Erde in 400 km Höhe.

Das Meiste von ‚Skylab' landete im Meer. Einige Stücke, wie dieses hier, stürzten über Australien ab.

Modular

Modulare Raumstationen werden aus vielen einzelnen Bauteilen zusammengesetzt, die man Module nennt. Das Herzstück der Raumstation, Kerneinheit genannt, wird als Erstes in die vorgesehene Umlaufbahn gebracht. Danach transportieren Raumfähren die Module zur Station. Astronauten setzen die einzelnen Teile im All zusammen.

Einige Module beinhalten die Ausrüstung, die die Station betriebsfähig macht. Andere Module sind Wohneinheiten oder Laboratorien.

Astronauten helfen dabei, die Raumstation zu reparieren.

Eine Raumfähre wird benutzt, um Astronauten und die Ausrüstung zu transportieren.

Wie eine Raumstation arbeitet

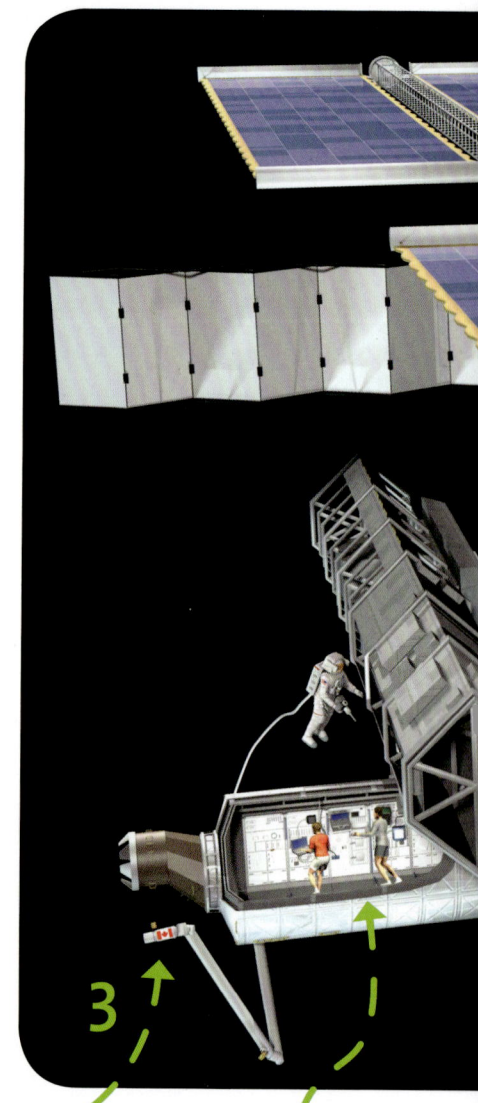

1 Andock-Anschlüsse sind wie Türen. Sie ermöglichen es Raumfähren und anderen Flugkörpern, sich mit der Station zu verbinden, sodass Astronauten ein- und aussteigen können. Die innere Tür eines Flugkörpers öffnet sich erst, wenn er mit der Raumstation verbunden ist.

2 Solarmodule auf der äußeren Hülle der Raumstation sammeln Sonnenenergie und wandeln sie in Elektrizität um. Auf der ISS gibt es acht große Solarflügel, zu denen viele Solarmodule gehören.

3 Roboterarme außerhalb der Station helfen den Astronauten beim Bau und bei Reparaturen.

Roboterarme

Kontrollraum

Solarmodule   Wohnbereich

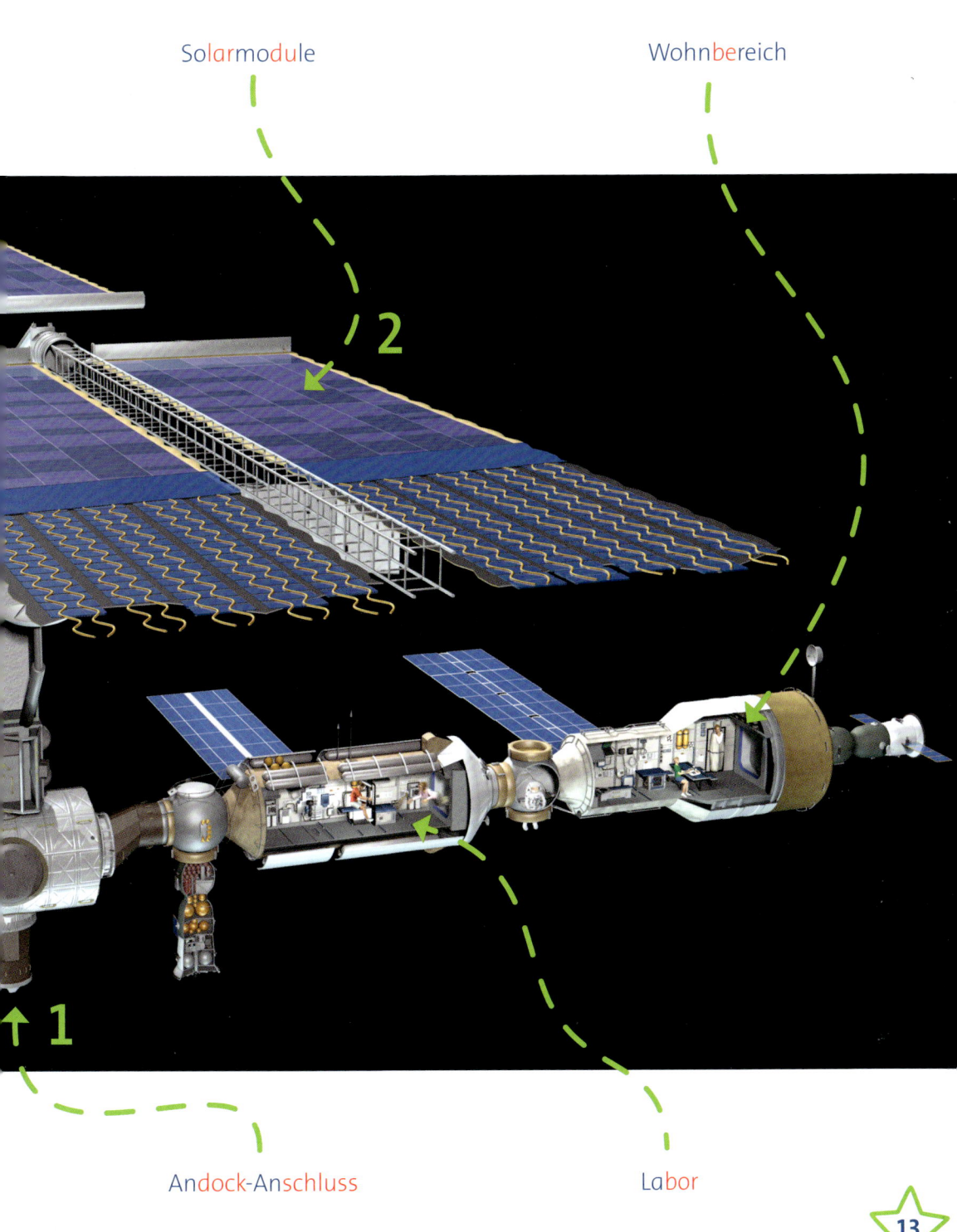

2

1

Andock-Anschluss   Labor

13

Die Internationale Raumstation

Die Internationale Raumstation (ISS) umkreist die Erde in 350 km Höhe. Sie ist über zehn Jahre alt.
Wissenschaftler aus sechzehn verschiedenen Ländern, wie die USA, Russland und Japan haben beim Bau zusammengearbeitet.

Der Bau der Internationalen Raumstation begann 1998 mit dem Abschuss des russischen Moduls „Sarja". Ein paar Wochen später folgte das amerikanische Modul „Unity".
Am 7. Dezember 1998 wurden die beiden Module miteinander verbunden.

2007 fügten die Kanadier eine Roboterhand namens „Dextre" der ISS hinzu.

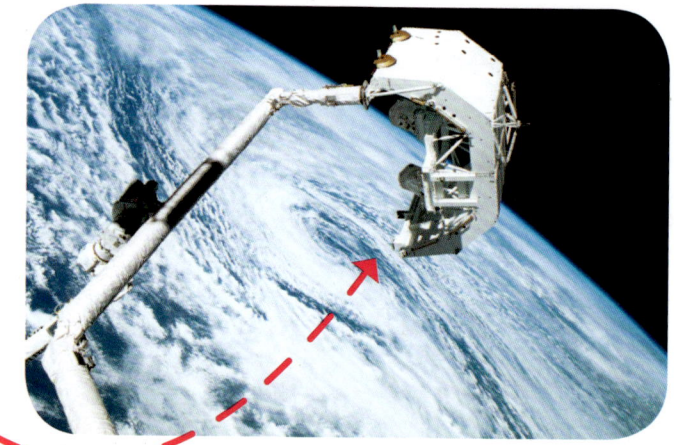

„Sarja", die erste Sektion der ISS, wurde am 20. November 1998 von den Russen ins All gebracht.

Es hat sehr viel Arbeit gemacht, die Internationale Raumstation (ISS) aufzubauen:

☆ 46 Weltraummissionen (37 mithilfe amerikanischer Raumfähren und 9 mithilfe russischer Trägerraketen)

☆ 160 Weltraumspaziergänge

☆ 1900 Arbeitsstunden

☆ 453 500 kg ‚**Hardware**'

Das Leben an Bord einer Raumstation

An Bord einer Raumstation gibt es genug lebensnotwendigen **Sauerstoff**. Haben die Astronauten die Raumstation einmal betreten, müssen sie deshalb keine Raumanzüge mehr tragen.

Mittels Computer stehen die Astronauten mit der Erde in Verbindung. Sie schlafen in speziellen Schlafsäcken, die an der Wand befestigt sind und essen **Trockennahrung**. Durch das Fehlen von Schwerkraft im All werden die Knochen schwächer und die Muskelmasse nimmt ab. Astronauten müssen täglich mehrere Stunden trainieren, um ihren Körper kräftig zu halten. Sie können während eines Weltraumflugs 2,5 bis 5 cm größer werden.

Weltraumtoiletten haben keine Wasserspülung – sie spülen mit Luft. Sie sind vergleichbar mit Staubsaugern, auf denen man sitzen kann.

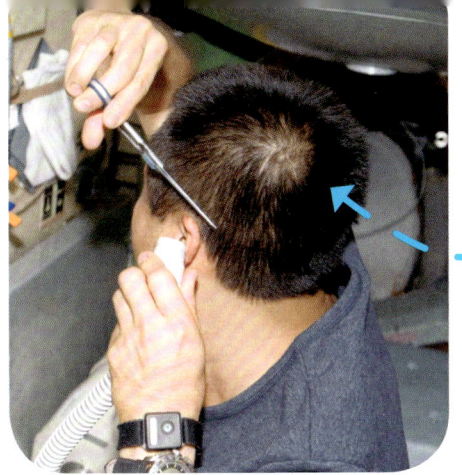

Ein Astronaut in einer Raumstation schneidet sich die Haare.

Ein Astronaut arbeitet in der Luftschleuse der Raumstation. Von hier aus können Astronauten hinaus ins All.

Astronauten schlafen in Schlafsäcken, die an der Wand befestigt sind.

Raumstationen – das sind die Fakten

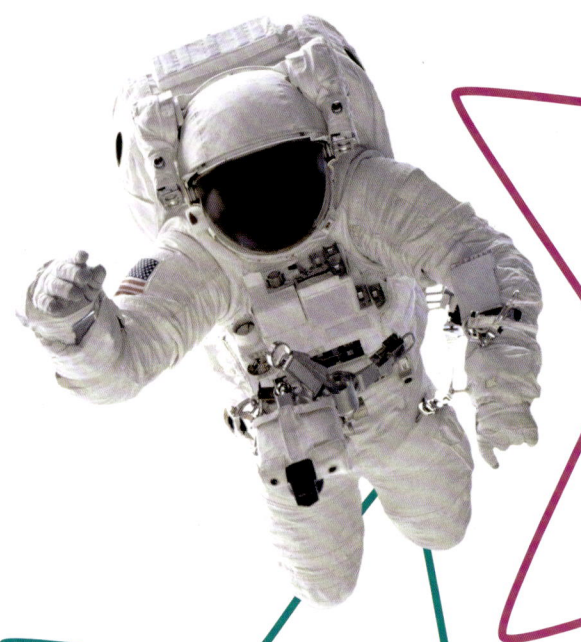

Das Wort „Astronaut" stammt aus dem Griechischen. „Astron" bedeutet Stern und „nautes" heißt Seemann.

Die russische Raumstation Mir umkreiste die Erde über 15 Jahre.

Seit der Fertigstellung im Mai 2011 ist die Internationale Raumstation eines der hellsten Objekte am Nachthimmel.

Astronauten an Bord einer Raumstation können die Sonne bis zu 16-mal am Tag aufgehen sehen.

1973 lebten zwei Spinnen, Anita und Arabella in der ‚Skylab'-Raumstation. Sie zeigten, dass Spinnen im All Netze spinnen können.

Zukünftige „Weltraum-Städte" werden vielleicht viele Menschen beherbergen können.

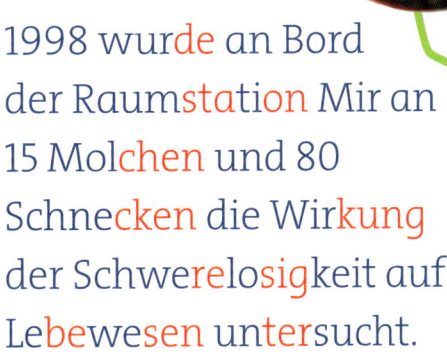

1998 wurde an Bord der Raumstation Mir an 15 Molchen und 80 Schnecken die Wirkung der Schwerelosigkeit auf Lebewesen untersucht.

Die Geschichte der Raumstationen

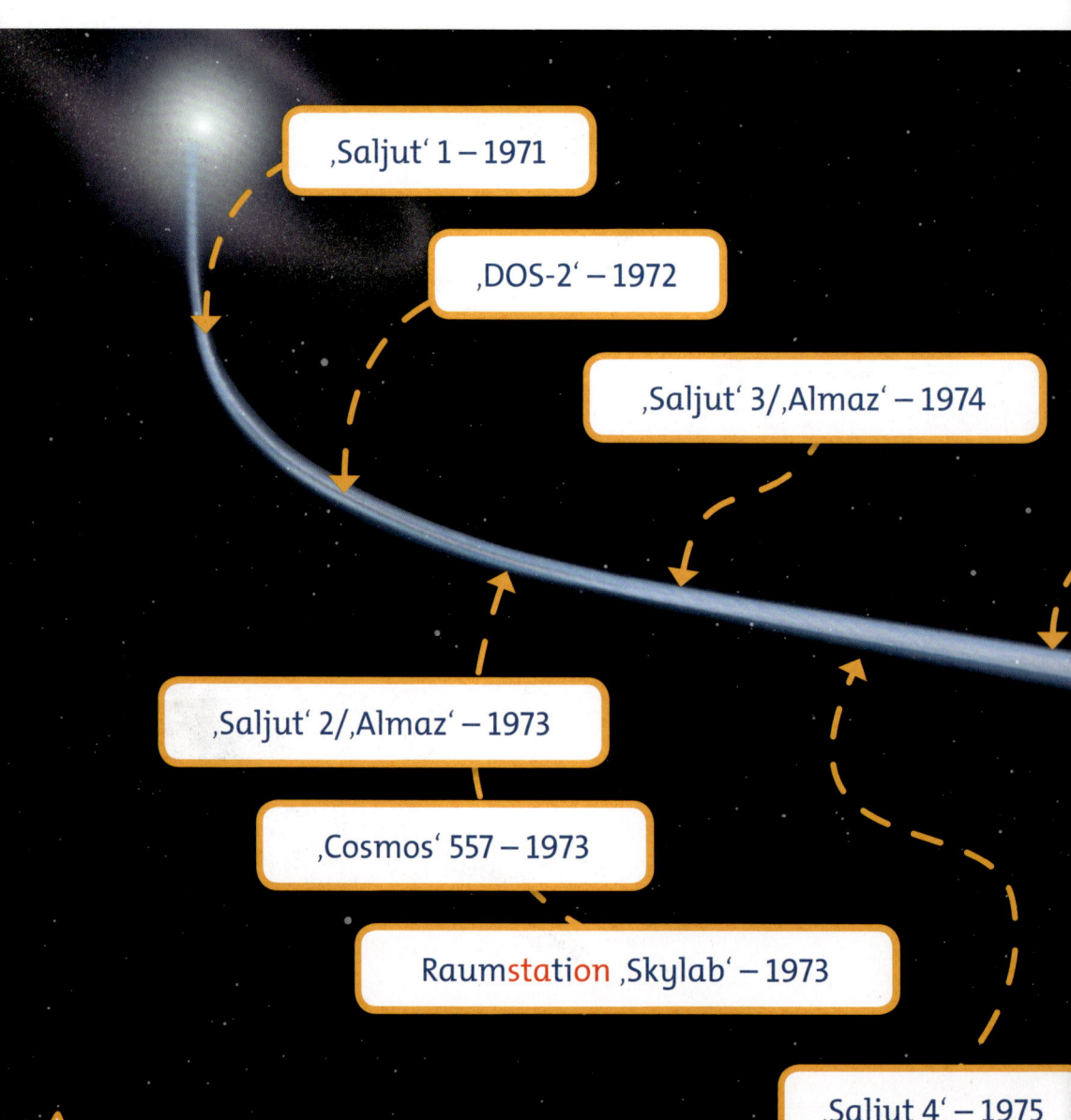

‚Saljut' 1 – 1971

‚DOS-2' – 1972

‚Saljut' 3/,Almaz' – 1974

‚Saljut' 2/,Almaz' – 1973

‚Cosmos' 557 – 1973

Raumstation ‚Skylab' – 1973

‚Saljut 4' – 1975

Seit dem Abschuss der russischen ‚Saljut' 1 im Jahre 1971 wurden 12 Raumstationen ins All gebracht. Das erste Modul der Internationalen Raumstation wurde 1998 ins All geschossen.

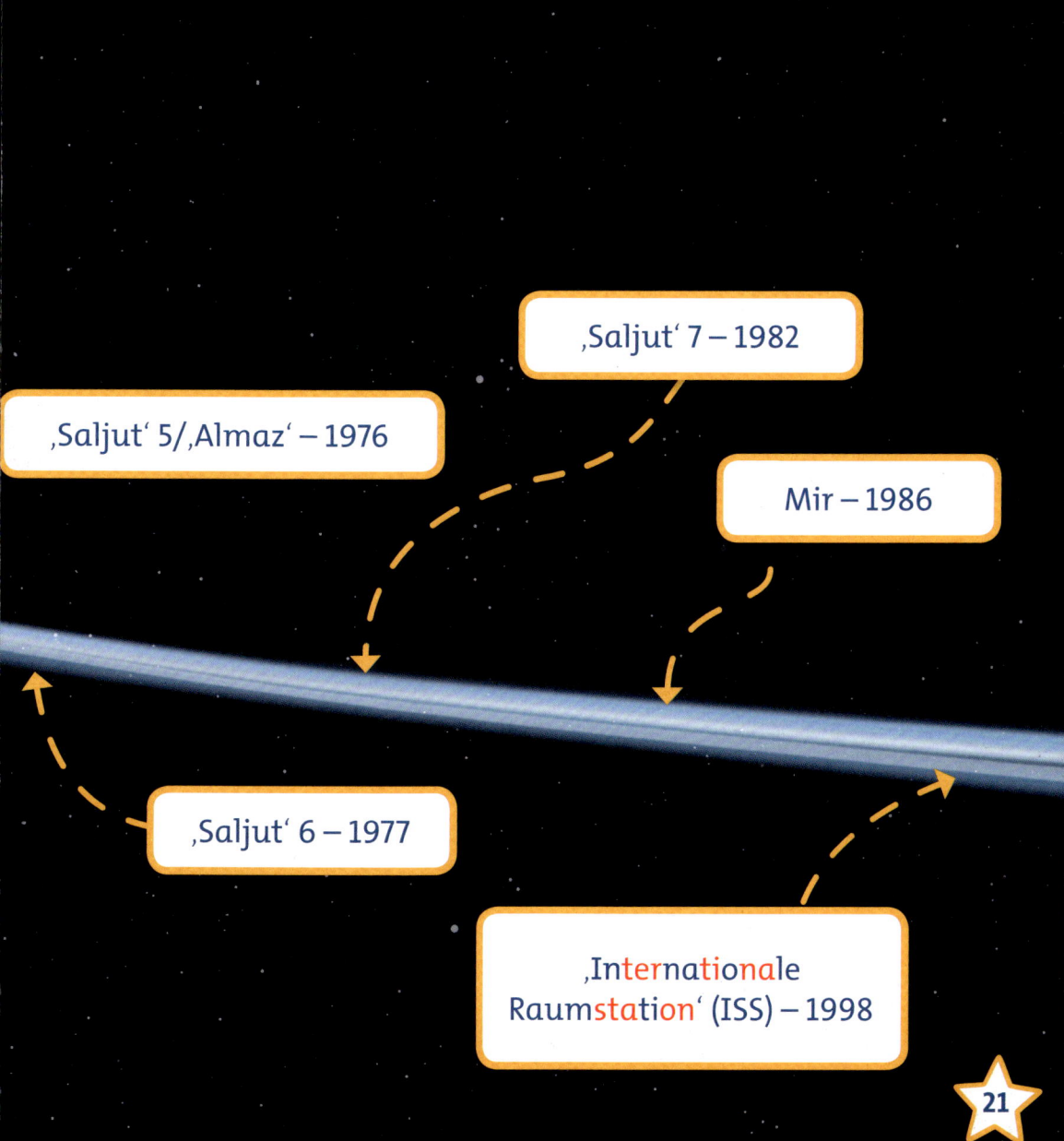

,Saljut' 7 – 1982

,Saljut' 5/,Almaz' – 1976

Mir – 1986

,Saljut' 6 – 1977

,Internationale Raumstation' (ISS) – 1998

Die Zukunft

Raumstationen ermöglichen uns, mehr über den Weltraum herauszufinden als jemals zuvor.
Sie bieten Menschen aus vielen Ländern einen Platz im All, an dem sie arbeiten und leben können. Vielleicht werden wir in der Zukunft auf dem Mond oder auf anderen Planeten Raumbasen bauen können.

Worterklärungen

Flugkörper	Oberbegriff für Raketen, Satelliten und Raumfähren, die zu Weltraumflügen in der Lage sind
‚Hardware'	Oberbegriff für die mechanische und elektronische Ausrüstung eines Systems
Langzeiteffekte	Wirkungen auf etwas oder jemanden, die über einen langen Zeitraum entstehen
NASA	Nationale Luft- und Raumfahrtbehörde der USA
Satellit	Raumflugkörper, der ein größeres Objekt umkreist
Sauerstoff	ein Element, das die meisten Lebewesen atmen, um zu überleben
Schwerelosigkeit	Zustand, bei dem eine Masse scheinbar kein Gewicht hat
Trockennahrung	Speisen, denen das Wasser entzogen wurde

Stichwortverzeichnis